TROISIEME CONSULTATION

POUR M. le Marquis D'ESPINCHAL.

L E Conseil soussigné, après avoir vû les Consultations précédemment données pour M. le Marquis d'Espinchal les 22 Janvier & 23 Septembre 1765 ; copie du testament de Philibert de la Baume, Baron de Saint-Amour & de Montfalconnet, en date du 23 Décembre 1572; copie d'un Arrêt du Parlement de Dole, en date du 20 Septembre 1610; un exemplaire imprimé d'un Mémoire donné pour M. le Marquis de Choiseul, dans l'Instance actuellement pendante au Bailliage de Gray; ensemble plusieurs autres pieces : & après qu'il lui a aussi été verbalement observé par M. le Marquis d'Espinchal, que les Terres de Saint-Amour & de Montfalconnet sont les seules qu'il réclame en sa qualité d'appellé à substitution :

ESTIME, que le testament de Philibert de la Baume de 1572 & l'Arrêt du Parlement de Dole de l'année 1610, répandent un si grand jour sur la Cause de M. le Marquis d'Espinchal & la mettent dans un tel dégré d'évidence & de simplicité, que dégagée désormais de tout nuage & de toute obscurité, son succès ne peut plus être douteux.

Jusqu'à présent en effet, les biens qui sont l'objet du Procès, sembloient se confondre dans une multitude de substitutions différentes.

Madame la Marquise de Mirepoix & M. le Comte de la Blache les avoient d'abord prétendus en vertu de deux substitutions fondées dans la Maison de la Baume en 1620 & 1622, la premiere par Philippe de la Baume Prieur de Vaux, & la seconde par Emmanuel Philibert de la Baume, Comte de Saint-Amour, son frere : & à l'exemple de M. de la Blache & de Madame de Mirepoix, M. le Marquis d'Espinchal s'étoit également fondé sur ces deux fidéicommis.

On a opposé ensuite, tant de la part de Made. de Mirepoix & de M. le Marquis de Mirepoix son fils, que de celle de MM. de Dortan qui

A

defcendent d'une fille de la Maifon de la Baume , & de celle de M. le Marquis de Choifeul , héritier inftitué du dernier Poffeffeur, deux autres fubftitutions , dont l'une fe trouve dans un partage fait en 1549 dans la Maifon de Grandvelle , fondue depuis dans celle de la Baume ; & l'autre de l'année 1580 , eft renfermée dans le teftament de Louis de la Baume , pere d'Emmanuel-Philibert, Auteur de la fubftitution de 1622.

Après avoir démontré dans la premiere Confultation du 22 Janvier 1765, qu'entre les divers Contendans , M. le Marquis d'Efpinchal eft véritablement le feul en qui fe vérifie la vocation aux deux fubftitutions de 1620 & 1622 ; on a établi avec la même folidité dans la feconde Confultation du 23 Septembre fuivant , que celles de 1549 & de 1580 ne pouvoient lui être op-pofées , & on l'a établi en prouvant d'après ces fubftitutions même , que Philippe & Emmanuel-Philibert de la Baume n'en avoient point été grevés , & qu'ils avoient eû par conféquent toute liberté d'en fonder eux-mêmes de nouvelles , comme ils l'ont fait.

Mais on le répete , fi malgré l'évidence de ces démonftrations , cette *foule* de fubftitutions pouvoit laiffer encore quelques nuages & quelque obfcurité dans l'affaire , ils fe trouvent aujourd'hui en-tiérement diffipées par la fubftitution de 1572 & par l'Arrêt de 1610; & au moyen de ces deux aftes , la queftion fe réduit aux idées les plus fimples & les plus faciles à faifir.

On ne pouvoit en effet , à la vûe des quatre fubftitutions de 1549 , 1580, 1620 & 1622 , être embarraffé que fur deux objets: d'un côté , fur le point de fçavoir d'où Philippe & Emmanuel-Philibert de la Baume tenoient les biens compris dans leurs fubfti-tutions de 1620 & 1622, s'ils ne les poffedoient pas en vertu des deux précédentes fubftitutions de 1549 & 1580 , & s'ils les poffé-doient librement & de maniere à pouvoir eux-mêmes en dif-pofer ; & de l'autre , fur la mefure & l'étendue du droit que Philippe de la Baume , Auteur de la fubftitution de 1620 , pouvoit avoir eu à ces mêmes biens.

Mais la fubftitution de 1572 & l'Arrêt de 1610 , levent ces diffi-cultés & les écartent fans retour ; premierement, en prouvant que jamais Philippe de la Baume , Prieur de Vaux , n'a eu aucun droit aux Terres de Saint-Amour & de Montfalconnet, les feules dont il s'agiffe au Procès, & que ces deux Terres ont appartenu pour le tout à Emmanuel-Philibert fon frere aîné ; fecondement, en apprenant de qui & à quel titre ce Poffeffeur les tenoit.

La fubftitution dont on parle eft contenue , comme on l'a déja dit , dans le teftament de Philibert de la Baume , Baron de Saint-Amour & de Montfalconnet, du 23 Décembre 1572.

Ce Teftateur, qui poffédoit les Terres de Saint-Amour & de Montfalconnet, fait d'abord diverfes difpofitions particulieres, dans lefquelles ces Terres ne font point comprifes. Il inftitue enfuite pour fon héritier univerfel *au réfidu & demeurant de tous & finguliers fes autres biens defquels il n'a tefté, ordonné ou difpofé* (ce qui renferme néceffairement les deuxTerres), Louis de la Baume fon coufin germain, pere de Philippe & d'Emmanuel-Philibert ; & il le greve *enfin* d'une fubftitution, conçue en ces termes :

Et en cas que mondit héritier ci-devant nommé aille de vie à trépas fans hoirs mâles nés & procréés en loyal mariage, en ce cas je lui fubftitue & inftitue pour héritiers, nobles Seigneurs Aymé de la Baume Seigneur de Crévecueur, & ledit Alexandre de la Baume freres, (cet Alexandre fe trouvoit déja nommé dans une des difpofitions particulieres du teftament), *chacun d'eux par moitié & égale pourtion, & leurs hoirs mâles, préférant toujours l'aîné efdites Baronnies & Seigneuries de Saint-Amour & Montfalconnet & leurs dépendances ; lequel cas de fubftitution advenant, je veulx & entends que ledit Alexandre rappourte ce que ci-deffus lui ai donné & legué, pour être joint aux autres biens de madite hoirie ; & cas advenant que l'un d'eux Aymé & Alexandre viendront à décéder fans hoirs mâles nés & procréés en loyal mariage, en cedit cas je lui fubftitue le furvivant d'iceux ou fes enfans mâles ; & lequel cas advenant, je veulx & entends l'aîné être préféré pour le regard defdites Baronnies & Seigneuries dudit Saint-Amour & Montfalconnet.*

Il eft évident d'abord que les différens ordres de fubftitution établis par le Teftateur à la fuite de ces premiers termes, (*& en cas que mondit héritier ci-devant nommé aille de vie à trépas fans hoirs mâles nés & procréés en loyal mariage*) ne regardent qu'Aymé & Alexandre de la Baume & leurs defcendans, & font abfolument étrangers à la defcendance de Louis de la Baume, héritier inftitué.

Ainfi en cas de décès de cet inftitué fans héritiers mâles, ce font Aymé & Alexandre de la Baume, fes parens collateraux, & leurs hoirs mâles, qui lui font fubftitués : *en ce cas* (dit le Teftateur) *je lui fubftitue & inftitue pour héritiers nobles Seigneurs Aymé de la Baume........ & Alexandre de la Baume freres, chacun par moitié..... & leurs hoirs mâles, préférant toujours l'aîné, efdites Baronnies & Seigneuries de Saint-Amour & Montfalconnet, &c. :* De même auffi lorfque le Teftateur, prévoyant le décès d'un des deux premiers fubftitués fans enfans, veut fonder une nouvelle branche de fubftitution, il ne l'établit encore qu'en faveur du furvivant & de fa poftérité mafculine : *& cas advenant, que l'un d'eux Aymé & Alexandre viendront à décéder fans hoirs mâles nés & procréés en loyal mariage, en cedit cas je lui fubftitue le furvivant d'iceux ou fes enfans mâles, &c.*

Il eft également évident en fecond lieu, qu'Aymé & Alexandre de la Baume, ainfi que leurs defcendans, ne font fubftitués qu'à Louis de la Baume feulement, & non à fes enfans : *en cas que mondit héritier ci-devant nommé aille de vie à trépas fans hoirs mâles nés & procréés en loyal mariage, en ce cas je lui fubftitue, &c.*

Ce n'est donc qu'à Louis de la Baume personnellement, qu'Aymé & Alexandre de la Baume & leurs enfans, sont substitués, *je lui substitue*; il est donc le seul qui soit grevé envers eux; & comme il n'est grevé que dans le cas où il ne laissera point *d'hoirs mâles*, *nés & procréés en loyal mariage*, il en résulte que la substitution ne peut prendre effet qu'autant qu'il décédera sans postérité masculine, qu'au contraire elle doit s'évanouir & que la condition d'où elle dépend sera censée avoir manqué, s'il laisse après lui des mâles.

Mais en même-tems que Louis de la Baume étoit grevé envers Aymé & Alexandre de la Baume & leurs descendans, l'étoit-il également envers ses propres enfans mâles?

Si la question naissoit aujourd'hui, elle seroit sans difficulté d'après la regle établie par l'Ordonnance du mois d'Août 1747 : & l'article 19 du titre premier de cette Loi décidant que *les enfans qui ne seront point appellés expressément à la substitution, mais qui seront seulement mis dans la condition, sans être chargés de restituer à d'autres, ne seront en aucun cas regardés comme étant dans la disposition, encore qu'ils soient dans la condition en qualité de mâles, &c.* Il seroit incontestable que les enfans mâles de Louis de la Baume n'étant qu'*en condition* dans la substitution, ils ne seroient point appellés, & que conséquemment leur pere n'eût point été grevé & auroit possedé librement par rapport à eux.

Mais il en est autrement, si l'on se reporte à la Jurisprudence du tems où la substitution dont il s'agit a été faite. La question de sçavoir si les enfans mis simplement *en condition*, étoient censés compris dans la disposition, étoit controversée entre les Jurisconsultes & jugée diversement dans les Tribunaux. Beaucoup d'Auteurs célèbres pensoient qu'en ce cas la faveur des enfans devoit les faire regarder comme étant dans la disposition, pour peu que la condition se trouvât accompagnée de quelque circonstance capable de faire présumer que le Testateur les avoit eus en vûe, comme s'il avoit, par exemple, préféré les mâles aux femelles, si la substitution étoit faite dans une Maison illustre, si on avoit coutume dans la famille du Testateur de faire de semblables dispositions, &c.

Or ici, en même-tems que les enfans de Louis de la Baume ne sont que *dans la condition*, ils y sont avec la préférence la plus marquée en faveur de la masculinité: *en cas que mondit héritier ci-devant nommé aille de vie à trépas, sans hoirs mâles.* On eût donc pu soutenir & juger en France que Louis de la Baume étoit grevé envers ses enfans mâles, & que ceux-ci pouvoient réclamer les deux Terres de Saint-Amour & de Montfalconnet, en qualité d'appellés.

Mais ce qui eût pu faire une question dans les Tribunaux du Royaume, n'en faisoit point une dans le Parlement de Franche-Comté, séant alors dans la Ville de Dole, qui étoit soumise à la domination Autrichienne: on verra en effet dans un moment ce Parlement, dans le ressort duquel étoient situées les deux Terres

de

de Saint-Amour & de Montfalconnet, décider que Louis de la Baume avoit été grevé envers l'aîné de ses enfans mâles ; & l'opinion que la condition en faveur des enfans est une vraie disposition, étoit tellement reçue dans les Pays gouvernés par la Maison d'Autriche, que les Archiducs Albert & Isabelle l'introduisirent dans les Pays bas par un Edit de l'année 1611, ainsi que nous l'apprend Me. Sallé en son Commentaire sur l'article déja cité de l'Ordonnance des Substitutions.

Mais si l'on pouvoit regarder Louis de la Baume comme étant grevé envers ses *hoirs* mâles par les termes, *en cas que mondit héritier ci-devant nommé, aille de vie à trépas sans hoirs mâles*, il est certain du moins, & on ne peut disconvenir que ces *hoirs* ne l'étoient point envers les leurs : & pour en demeurer pleinement convaincu, il ne faut que faire attention que les *hoirs* mâles de Louis de la Baume sont les seuls qui se trouvent dans la condition ; qu'il n'y est pas dit un seul mot des *hoirs* de ces *hoirs* ; que le Testateur n'en parle en aucune maniere ; qu'en un mot la seule partie de la substitution, qui a trait à la postérité de Louis de la Baume, ne renferme pas un seul terme qui mette ses hoirs de ses *hoirs*, soit en *condition*, soit en *disposition*, ni d'où l'on puisse par conséquent induire la moindre vûe du Testateur sur eux, ni aucune vocation soit expresse, soit tacite, en leur faveur. Ainsi, au lieu que Louis de la Baume pouvoit être réputé chargé de rendre les Baronnies de Saint-Amour & de Montfalconnet à ses *hoirs* mâles qui se trouvoient dans la condition, il est incontestable que ses enfans, après avoir recueilli le fidéicommis, devoient le posséder librement & sans être tenu de le conserver aux leurs : c'est la conséquence nécessaire du silence absolu du testament sur les *hoirs des hoirs*.

Quoiqu'il en soit, il paroît que malgré la Jurisprudence du Parlement de Dole par rapport aux enfans *mis en condition*, Louis de la Baume pensa qu'il possédoit lui-même librement à l'égard de ses enfans mâles : & c'est ce qui résulte évidemment de son testament.

Par cet acte qui est du 24 Octobre 1580, Louis de la Baume institue pour héritiers universels Emmanuel-Philibert & Charles-Emmanuel, deux de ses fils ; il forme ensuite, par voye d'assignat, la portion de chacun d'eux dans ses biens, & il comprend formellement dans celle de l'aîné (Emmanuel-Philibert) les Terres de Saint-Amour & Montfalconnet, preuve certaine qu'il se croyoit libre relativement à ces Terres ; & il est évident en effet qu'il n'en auroit point disposé en les faisant ainsi rentrer dans l'institution de son fils aîné, s'il se fût cru grevé par le testament de Philibert de la Baume de qui il les avoit reçues.

Mais Louis de la Baume étant décédé au mois d'Octobre 1688, & Emmanuel-Philibert ayant transigé sur sa succession avec Antoine de la Baume, Baron de la Chaux, son frere puîné, la transaction fut attaquée ensuite par Jeanne de Richardot, veuve du Baron de la Chaux, en qualité de Tutrice de Catherine de la Baume

B

leur fille. Il s'éleva à cette occafion un Procès confidérable au Parlement de Dole, entre cette veuve & Emmanuel-Philibert; la premiere prétendant, entr'autres chofes, que les deux Terres de Saint-Amour & de Montfalconnet devoient entrer en partage & qu'il en revenoit un tiers à fa fille, par repréfentation & comme exerçant les droits de fon pere; & le fecond foutenant, que comme mâle & aîné des enfans mâles de Louis, il étoit appellé à en recueillir la totalité en vertu de la fubftitution contenue au teftament de Philibert de la Baume de l'année 1572 : & par Arrêt contradictoire du 20 Septembre 1610, les deux Terres furent en effet adjugées à Emmanuel-Philibert de la Baume, en ces termes : *Ladite Cour déclare que le Comté de Saint-Amour, ladite Baronnie de Montfalconnet & leurs dépendances . . . . . . demeureront audit Défendeur, comme aîné de ladite Maifon de la Baume, ainfi que ledit feu fieur Philibert de la Baume en jouiffoit à l'heure de fon décès & trépas, fuivant le fidéicommis porté en fon teftament, que ladite Cour à ce regard déclare ouvert au profit dudit Défendeur:* M. le Marquis de Choifeul, à qui M. le Marquis d'Efpinchal eft redevable d'avoir connu cet Arrêt, apprend encore dans fon Mémoire imprimé, que la Baronne de la Chaux s'étant pourvue en révifion contre cet Arrêt au Confeil de Malines, fa Requête fût rejettée.

Il ne refte donc plus ni incertitude, ni nuage, foit fur la mefure du droit d'Emmanuel-Philibert de la Baume dans les Terres de Saint-Amour & de Montfalconnet, foit fur l'origine que ces Terres avoient entre fes mains, foit fur la nature du titre auquel il les poffédoit.

L'Arrêt de 1610 les lui ayant adjugées en fa qualité d'aîné & fuivant le fidéicommis porté au teftament de Philibert de la Baume, il en réfulte qu'elles lui ont appartenu pour le tout; qu'il les a tenues de l'auteur de la fubftitution de 1572; qu'il les a recueillies & poffédées en qualité d'appellé à cette fubftitution; qu'ainfi Louis de la Baume fon pere n'en ayant joui que *cum onere fidéicommiffi*; elles n'ont ni été frappées de la fubftitution qu'il a fondée par fon teftament du 24 Octobre 1580, ni fait partie des biens de fon hérédité; que Philippe de la Baume, Prieur de Vaux, frere d'Emmanuel-Philibert, n'y a eû par conféquent, ni pû avoir aucun droit; & qu'enfin Emmanuel-Philibert, une fois faifi de ces deux Terres en conféquence de l'Arrêt de 1610, les a poffédées librement & fans charge de fubftitution, au moyen de ce que celle que le Parlement de Dole a jugée être contenue dans le teftament de 1572 au profit des *hoirs mâles* de Louis de la Baume, ne comprend point les *hoirs de ces hoirs*, & que ces *hoirs des hoirs* ne s'y trouvent foit explicitement, foit implicitement, ni dans la *condition*, ni dans la *difpofition*, ainfi qu'on l'a établi en difcutant cette fubftitution.

Emmanuel-Philibert de la Baume a donc été feul poffeffeur des deux Terres; il les a donc recueillies par l'effet de la vocation réfultante en faveur des *hoirs mâles* de Louis de la Baume, de ce qu'ils fe trouvoient *en condition* dans la fubftitution de 1572; il les a donc reçues de Philibert de la Baume, auteur de cette fubftitution, fuivant la maxime *capit à gravante*, *non à gravato* : ce font-là autant de vérités qu'il eft impoffible de méconnoître d'après l'Arrêt de 1610, Arrêt d'autant plus décifif & d'autant plus irréfragable, qu'outre qu'au fond fa difpofition eft conforme à la Jurifprudence que fuivoit alors le Parlement de Dole, il a été d'ailleurs rendu entre les véritables Parties qui avoient intérêt à la queftion, & à qui feules il appartenoit de la traiter ; que c'eft en vertu de cet Arrêt qu'Emmanuel-Philibert de la Baume eft devenu Propriétaire des deux Terres ; & que le même Arrêt, après avoir été le titre de fa poffeffion, a continué d'être également celui de la poffeffion de fes defcendans pendant un fiécle & demi, jufqu'au décès en un mot de Jacques-Philippe de la Baume, dernier poffeffeur, mort fans enfans en 1761.

Or, s'il eft conftant qu'Emmanuel-Philibert de la Baume a été feul faifi de la totalité des deux Terres par l'Arrêt de 1610, & que la fubftitution de Philibert de la Baume, en vertu de laquelle elles lui ont été adjugées, a reçu fon complément dans fa perfonne, enforte qu'il ait poffédé librement & fans être tenu de reftituer à fa defcendance ; il s'enfuit néceffairement, & qu'il a pû à fon tour dif-pofer de ces Terres & en faire le fujet d'un nouveau fidéicommis ; & qu'entre les diverfes fubftitutions produites dans l'Inftance, celle qu'il a fondée en 1622 & qui comprend expreffément les Terres de Saint-Amour & de Montfalconnet, eft la feule qui doive être confultée & d'après laquelle les Parties doivent être jugées.

En un mot, il ne peut plus être queftion, ni de la fubftitution faite en 1549 dans la Maifon de Grandvelle, à qui les deux Ter-res n'ont point appartenu ; ni de celle de Philibert de la Baume de 1572, puifqu'elle a pris fin dans les mains d'Emmanuel-Phili-bert ; ni de celle de Louis de la Baume de l'année 1580, puifque ce dernier ne poffédoit point librement, & que l'Arrêt de 1610 a jugé qu'il avoit été grevé envers l'aîné de fes enfans mâles ; ni même de celle appofée à la donation de Philippe de la Baume, Prieur de Vaux, de l'année 1620, puifqu'il n'avoit aucun droit aux deux Terres, & que la propriété en réfidoit pour le tout dans les mains de fon frere aîné, aux termes du même Arrêt ; & le fidéicommis porté au tefta-ment d'Emmanuel-Philibert de 1622, eft encore un coup le feul à confidérer, foit parce que ce Teftateur poffédoit réellement la totalité des deux Terres, foit parce qu'elles étoient libres & dégagées de toute fubftitution dans fa perfonne.

L'état de l'affaire ainfi fixé, il femble que ce feroit naturellement ici le moment d'examiner, à qui des divers Contendans qui fe pré-fentent comme appellés, cette fubftitution de 1622 (la feule, on le répete encore, à laquelle on doive s'arrêter) défere réellement les deux Terres.

Mais tous ces prétendans ont, dans la perfonne de M. le Marquis de Choifeul, un Adverfaire commun, qui non-feulement contefte la validité de cette fubftitution, mais va même jufqu'à en nier l'exiftence, & finit par foutenir qu'en tout cas elle fe trouveroit aujourd'hui en-tierement épuifée & finie ; enforte que fi une feule partie de fon fiftême étoit fondée, il n'y auroit plus ni fubftitution, ni appellés, ni perfonne par conféquent qui pût lui contefter le droit de fuccéder aux deux Terres, en fa qualité d'héritier inftitué du dernier Poffeffeur.

Il faut donc, avant tout, difcuter ces diverfes prétentions de M. de Choifeul: en un mot, avant que d'examiner qui eft appellé à la fubftitution créée en 1622 par Emmanuel-Philibert de la Baume, il faut néceffairement commencer par s'affurer fi cette fubftitution a exifté, fi elle exifte valablement, & fi elle fubfifte encore aujourd'hui.

Il eft conftant au Procès, que *l'original* du teftament de 1622 n'eft point rapporté: mais cet original, que mille événemens peuvent avoir fait difparoître, dont il y a même plus que de la vraifemblance à foupçonner la fuppreffion, ainfi qu'on le verra dans un moment, fe trouve-t-il, ou non, réparé par une piéce équivalente & qui doive en tenir lieu? M. de Choifeul foutient la négative; & c'eft la premiere queftion que préfente fon fyftême.

Nulle difficulté en général que la perte de la minute d'un acte quelconque, de l'acte même le plus important, ne porte aucune atteinte, ni à l'exiftence de l'acte en lui-même, ni aux droits de ceux à qui cet acte peut en attribuer, pourvu qu'on foit d'ailleurs en état, & de prouver qu'il a réellement exifté, & d'en conftater exactement la teneur. Ainfi, par exemple, la minute d'un contrat de mariage, d'une donation, d'un acte de baptême, ne fe retrouve point; mais on repréfente une expédition autentique, qui en même-tems qu'elle contient tout ce qui fe trouvoit dans cette minute, en démontre invinciblement la préexiftence: il eft inconteftable que cette expédition aura la même force que la minute elle-même, & cela par deux raifons également décifives: premierement, parce que rien ne feroit plus dangereux, ni plus injufte que de fubordonner la validité & l'exécution d'un acte à la confervation de fa minute, & que ce feroit faire dépendre les conventions des hommes, leur fortune, & fouvent leur état & leur honneur, de la négligence, ou même de l'infidélité du Dépofitaire de cette minute; en fecond lieu, parce que l'exiftence d'un acte dégénere en un pur fait, que tout fait eft fufceptible d'être prouvé, qu'il n'en eft point à l'égard duquel la preuve par écrit ne foit admife, & que certainement l'expédition autentique d'un acte eft une preuve écrite & la preuve la plus parfaite que cet acte a exifté: en un mot, *l'expédition autentique* d'un acte équivaut à la minute même & en tient lieu; & ce principe, fondé tout-à-la-fois & fur la raifon, & fur l'équité naturelle, & fur l'intérêt général de la fociété, ne peut recevoir moins d'application à un teftament, qu'il n'en reçoit tous les jours à tous les autres actes poffibles, & à des actes même infiniment plus effentiels, tels que les contrats de mariage & les actes que la Loi a deftinés à affurer & à conftater la naiffance & l'état des Citoyens.

Or, au défaut de la minute du teftament d'Emmanuel-Philibert de la Baume de l'année 1622, il s'en eft confervé une copie, qui non-feulement a tous les caracteres d'une *expédition autentique*, mais qui y

en

en joint même encore de particuliers, à la vûe desquels il eft impoffible de douter de fa vérité, ni de fa parfaite conformité avec la minute qui ne paroît point.

En effet, la copie qui eft rapportée, porte que le teftament a été reçu le 16 Mars 1622 par *Denis Gravelle, Bourgeois de Luxeuil, Tabellion général au Comté de Bourgogne, &c....:* & cette copie eft fignée du même Officier, ainfi que M. de Choifeul en convient, page 22 de fon Mémoire imprimé.

L'expédition d'un acte n'eft autre chofe qu'une copie du même acte, atteftée par la foufcription de l'Officier public, dépofitaire de la minute.

Perfonne n'ignore d'un autre côté, que partout où il fe trouve des *Tabellions*, c'eft à eux feuls qu'appartient le dépôt des minutes, & qu'ils ont en même-tems le droit d'en délivrer des *expéditions* fous leurs feules fignatures & fans y appeler un Notaire en fecond.

La copie rapportée du teftament de 1622, fe trouve foufcrite de l'Officier même qui avoit reçu ce teftament, & qui en fa qualité de *Tabellion*, avoit le double droit & d'en conferver la minute, & d'en délivrer feul des *expéditions*.

Cette copie eft donc par elle-même une véritable *expédition*; elle eft donc auffi autentique & a autant de force, qu'en auroit *l'expédition*, fignée de deux Notaires au Châtelet, d'un teftament ou de tout autre acte qu'ils auroient reçu & dont la minute feroit demeurée dans l'Étude de l'un d'eux.

Une *expédition* de cette derniere efpece répareroit infailliblement l'abfence de la minute du teftament, & fuffiroit à tous ceux qui pourroient y avoir intérêt.

Il doit donc en être de même de la copie fignée *Gravelle*; & par fon caractere d'*expédition autentique*, elle forme un titre auffi fort & auffi complet, que le feroit la minute même, s'il étoit poffible de la repréfenter aujourd'hui.

Mais quel nouveau degré d'autorité, cette expédition n'emprunte-t-elle pas encore des circonftances qui l'accompagnent?

On y lit en effet, à la fuite de la fignature *Gravelle*, une déclaration datée du 17 Août 1669, par laquelle Charles-François de la Baume, petit fils d'Emmanuel-Philibert, Teftateur, attefte *en avoir vû, lû & eu* en fon pouvoir l'original en bonne forme, & ajoute que comme cet original *fe trouve perdu & égaré*, il a cru devoir déclarer, *pour la décharge de fa confcience, que la copie ci-deffus eft entierement conforme audit original ou protocole, & qu'elle doit faire foi; que les notes mifes à la marge de ladite copie font du propre écrit de feue Dame Hélene Perrenot de Grandvelle fon ayeule, femme & compagne dudit Seigneur Emmanuel-Philibert:* & non-feulement Charles-François de la Baume a figné cette déclaration, mais il l'a fait munir encore, pour lui donner plus d'autenticité, du cachet de fes armes & de la fignature de fon Agent ou Sécrétaire.

L'expédition dont il s'agit ne fe trouveroit atteftée que par la feule foufcription du *Tabellion*, qu'elle fuffiroit, comme on l'a déja

C

prouvé, pour conftater l'exiftence du teftament ; & M. le Marquis de Choifeul argumenteroit en vain du défaut de repréfentation de la minute , foit parce qu'elle fe trouveroit fuppléée d'une maniere équivalente , foit parce qu'aucun des prétendans à la fubftitution ne pourroit raifonnablement ni être garant de fa perte , ni en fouffrir.

Quelle différence cependant entre ce cas & celui où les Parties fe trouvent ?

Non - feulement l'expédition rapportée, fe trouve munie de la fignature du *Tabellion* qui avoit reçu la minute dont elle eft la copie & l'image ; mais le petit fils du Teftateur , un defcendant qui ne pouvoit reconnoître le fidéicommis fondé par fon auteur fans fe lier les mains à lui-même , fans s'interdire toute efpece d'aliénation & de difpofition , fans condamner même toutes les aliénations qu'il avoit faites précédemment & qui , fuivant le Mémoire de M. de Choifeul , page 24 , étoient en grand nombre ; déclare qu'il a *vû , lû & eû en fon pouvoir l'original en bonne forme* du teftament qui contient ce fidéicommis , que cet original *fe trouve perdu & égaré* , mais que la *copie* fignée *Gravelle y eft entieremement conforme & qu'elle doit faire foi* ; & non-feulement il date cette déclaration, la figne , & y fait appofer fon cachet & la foufcription de fon Secrétaire , mais il protefte encore qu'il la donne *pour la décharge de fa confcience.*

La minute du teftament de 1622 a donc exifté poftérieurement au décès de fon auteur & longtems depuis , puifqu'en 1669, 47 ans après , fon petit fils déclare l'avoir *vûe , lûe & eue en fon pouvoir en bonne forme.*

On ne peut donc douter que l'expédition fignée *Gravelle* , n'en foit l'image la plus exacte & la plus fidelle, puifque ce même petit fils déclare qu'elle *eft entierement conforme audit original* , qu'il a encore un coup *vû , lû & eû en fon pouvoir.*

Quelle force enfin & quel poids n'ajoutent pas à cette déclaration , & la pofition de celui qui la fait , & le motif qu'il y configne lui-même ?

D'un côté, Charles-François de la Baume eût eû doublement intérêt à ce que la fubftitution de 1622 n'eût jamais exifté , d'abord pour poffëder librement les biens qu'il tenoit de fon ayeul , enfuite pour la juftification & la folidité des aliénations qu'il avoit déja faites alors d'une partie de ces biens.

D'un autre côté , nulle efpece d'intérêt de fa part à fuppofer cette fubftitution, fi réellement elle n'eût point exifté ; foit parce que bien loin d'en pouvoir retirer aucun fruit, il n'eût fait , par une femblable fuppofition, que comprometre fa liberté & fes aliénations ; foit parce que s'il défiroit de conferver dans fa famille ce qui lui reftoit des biens de fon ayeul , rien ne l'empêchoit de les fubftituer lui-même.

Enfin , il confeffe que c'eft parce que *l'original* qu'il a *vû , lû & eû en fon pouvoir en bonne forme* , *fe trouve perdu & égaré* , & *pour la décharge de fa confcience* , qu'il fait fa déclaration. Cet original s'étoit donc *perdu & égaré* entre fes mains, puifqu'il l'avoit *eû en fon pouvoir* ;

fa perte lui étoit connue ; il en fçavoit les circonftances ; difons-le ;
puifque la forme de fa déclaration nous y autorife , il s'accufoit de
cette perte , il fe la reprochoit, il s'en regardoit comme l'auteur , il
s'en croyoit refponfable , il penfoit que fa confcience en étoit chargée ,
puifqu'il fe croit obligé d'exprimer dans fa déclaration, qu'il l'a fait
pour la décharge de fa confcience.

Eh ! quels foupçons en effet , toutes les aliénations qu'il s'étoit
permifes & qui , d'après le détail qu'en donne M. le Marquis de
Choifeul, page 24 de fon Mémoire , alloient jufqu'à la diffipation ,
ne font-elles pas propres à infpirer ? Seroit-il donc bien étonnant
que Charles-François de la Baume , dans un âge où , emporté par le
feu de fes paffions , il ne penfoit qu'à fe procurer chaque jour de nouvelles reffources par de nouvelles ventes , eût porté l'aveuglement
jufqu'à fouftraire ou à fupprimer un titre qui étoit à fa difpofition
puifqu'il l'avoit en fon pouvoir , & dont la connoiffance eût pû le
gêner & le contrarier dans fes befoins ?

Quoiqu'il en foit ; il eft certain du moins qu'on peut le foupçonner
d'avoir fupprimé la minute du teftament de fon ayeul , puifqu'il s'en
accufe lui-même par la forme dans laquelle fa déclaration eft conçue :
& on le peut avec d'autant moins de fcrupule , que s'il a commis
cette fuppreffion, il l'a réparée depuis. Mais qui pourroit fuppofer
qu'il eût fait une déclaration femblable & qui le charge d'une maniere fi directe , pour donner l'être à une fubftitution imaginaire ,
qui n'eût réellement jamais exifté , & dont le premier effet devoit
être de refferrer fa liberté , & de lui ôter tout pouvoir de dif-
pofer & de s'aider des biens frappés de cette fubftitution ?

Répétons-le donc , avec toute la confiance que la démonftration
la plus parfaite peut infpirer : *L'expédition* rapportée feroit par elle
feule une preuve légale & autentique que la minute du teftament a
exifté ; mais l'exiftence de cette minute , & l'entiere conformité de
l'expédition avec elle , deviennent des vérités évidentes & , pour ainfi
dire , géométriques , d'après la déclaration de Charles-François de
la Baume.

Quelle autenticité ne donnent pas d'ailleurs à l'expédition même ,
deux autres circonftances qui, pour peu qu'on y réflechiffe, paroîtront
du plus grand poids ?

Premierement , la fignature de l'Officier qui avoit en 1622 reçu
le teftament , prouve que *cette expédition étoit déja très-ancienne*
lors de la déclaration de Charles-François de la Baume en 1669 , &
qu'elle n'avoit été faite ni pour cette déclaration, ni dans le même-tems.

En fecond lieu , la même déclaration apprend qu'il fe trouve *à la
marge* de cette *expédition* , des *notes du propre écrit de feue Dame
Hélene Perrenot de Grandvelle* , ayeule de Charles - François &
époufe du Teftateur.

Il y avoit donc longtems que *l'expédition* dont eft queftion
exiftoit , lorfqu'en 1669 Charles-François de la Baume en a par fa
déclaration certifié la vérité & l'exacte reffemblance avec l'original :
elle avoit donc été dans les mains de l'époufe d'Emmanuel-Philibert ;

Testateur, avant que de passer dans celles de leur petit fils, puisqu'elle
y avoit écrit de sa main plusieurs notes marginales : elle étoit donc
regardée dans la famille du Testateur, comme le double, comme
une seconde minute, un second original de son testament.

Que manque-t-il donc à une *expédition* de ce genre, signée par l'Officier même qui avoit reçu l'acte original, ratifiée & certifiée par l'épouse
même du Testateur, attestée par son petit fils contre l'intérêt de sa
liberté, *pour la décharge de sa conscience*, & après avoir *vû, lû & eû en
son pouvoir* la minute *en bonne forme*, pour tenir lieu de cette minute
& pour avoir la même force ; quand il est certain dans les principes,
que la perte de tout autre acte, des actes même les plus essentiels dans
l'ordre de la société, tels que des contrats de mariage, des actes de
baptême, &c. seroit suffisamment & équivalement réparée par des
expéditions ordinaires, même par de simples copies collationnées ?

Envain, M. le Marquis de Choiseul, qui n'a pû se dissimuler
combien *l'expédition* rapportée dérange son système de la prétendue
inéxistence du testament, imagine-t-il (page 23 de son Mémoire)
une distinction entre les actes entre-vifs & ceux de derniere volonté, en soutenant que si une *expédition signée du Notaire instru-
mentaire* fait foi à l'égard des premiers jusqu'à l'inscription de faux,
il n'en peut être de même par rapport aux seconds, attendu la faculté
que le Testateur a perpétuellement de les révoquer ; & aussi mal-à-
propos invoque-t-il à l'appui de cette distinction chimérique, une
décision qu'il attribue à la Loi 2 au dig. de *edendo*, & qu'il dit être
conçue en ces termes : *Quicumque, non ex indice & exemplo alicujus
scripturæ, sed ex authentico, conveniendus est.*

1°. La révocabilité ou l'irrévocabilité d'un acte, ne fait rien ni à la
preuve de son existence, ni à la maniere dont cette preuve peut se
faire ; & tout ce qui résulte de la différence de ces deux caracteres,
est qu'on établit dans un cas l'existence d'un acte révocable, & dans
l'autre, celle d'un acte irrévocable. Rien n'empêche donc que la même
preuve ne soit reçue pour constater l'existence de tout acte quelconque, soit qu'il s'agisse d'un acte essentiellement révocable, ou
d'un acte qui porte avec lui le caractere de l'irrévocabilité. En un mot,
l'existence d'un acte, telle qu'en soit la nature, est un fait: ce fait est
toujours le même, quoique l'espece des actes puisse être différente ;
il peut donc être établi par les mêmes voyes & par les mêmes preuves:
ex concessis, l'expédition rapportée feroit foi jusqu'à inscription de
faux, s'il étoit question d'un acte entre-vifs ; elle doit donc également
faire foi, s'agissant d'un testament, sauf à celui qui argumente de
sa révocabilité, à prouver qu'il a en effet été révoqué par une volonté
postérieure & opposée ; & pour persister à soutenir le contraire, il
faudroit aller jusqu'à prétendre (ce qui seroit l'absurdité la plus révol-
tante) que la preuve écrite, cette preuve si supérieure à toutes les
autres, si spécialement favorisée des Loix, si décisive & si absolue en
toute matiere, seroit sans force pour les dispositions de derniere
volonté, à l'égard desquelles néanmoins la Loi n'en admet aucune
autre.

2°. En

2°. En fuppofant la décifion que le Mémoire de M. de Choifeul attribue à la Loi 2,ff. *de edendo*, & qu'on n'a cependant point apperçu dans cette Loi ; bien loin qu'elle favorife fon fyftême, il n'en pouvoit invoquer aucune qui y fût plus contraire. Cette décifion en effet, met en *oppofition* avec les copies qu'elle paroît rejetter, les papiers autentiques, & elle admet formellement ces derniers, *fed ex authentico conveniendus eft*. Il eft donc évident que par les copies auxquelles elle femble refufer fa confiance, elle n'entend que de fimples copies, dénuées de toute autorité, & qu'elle n'entend nullement parler de celles qui, étant atteftées par l'Officier public, ont toute l'autenticité que les Loix demandent, puifqu'encore un coup elle donne effet indéfiniment à tout papier autentique, *fed ex authentico conveniendus eft*. Jamais certainement expédition ne fut plus autentique, que celle qui exifte du teftament de 1622 : elle doit donc faire la même foi que feroit l'original, d'après la décifion même qu'oppofe M. de Choifeul. Cette décifion d'ailleurs, par la généralité de fes termes *paroît s'appliquer* à tous les actes poffibles, & par conféquent aux actes entre-vifs, comme à ceux de derniere volonté : de l'aveu de M. de Choifeul, elle n'empêche point qu'une *expédition fignée du Notaire inftrumentaire* ne faffe foi jufqu'à infcription de faux, quant aux actes de la premiere efpece ; elle ne peut donc l'empêcher davantage, par rapport à ceux de la feconde.

La diftinction imaginée par M. de Choifeul, bien-loin d'avoir la moindre folidité, n'a donc même rien de fpécieux ; difons plus, elle fe tourne contre lui-même, par l'aveu qu'elle renferme de fa part, que *l'expédition fignée du Notaire inftrumentaire* fait *preuve*, jufqu'à l'infcription de faux.

Non-feulement l'expédition rapportée du teftament de 1622 eft munie de la fignature du *Tabellion inftrumentaire* ; mais la vérité de cette expédition, fon ancienneté, fa parfaite conformité avec l'original, fe trouvent encore atteftées par les témoignages réunis de l'époufe & du petit fils du Teftateur.

L'éxiftence du teftament de 1622 eft donc démontrée avec une évidence qui ne laiffe plus de prétexte aux doutes, ni aux incertitudes : & par conféquent il eft tems de laiffer ce premier objet, pour paffer à l'examen des prétendues irrégularités que M. le Marquis de Choifeul reproche au même teftament.

Il en propofe deux ; d'un côté, le défaut de publication de ce teftament ; de l'autre, le défaut de qualité & de caractere dans l'Officier qui l'a reçu.

Il prétend d'abord que fuivant les Loix Romaines & les anciennes Ordonnances du Comté de Bourgogne, la publication en Juftice eft de l'effence de tous teftamens, & que cette publication doit fe faire fur les *minutes*, attendu que ce n'eft que par l'infpection de la minute, & non par celle de la *groffe* d'un teftament ; qu'on peut s'affurer fi les fignatures du Teftateur, des Témoins & du Notaire, font vraies ou fuppofées. N'eft-il pas d'ailleurs poffible (dit-il encore), la minute d'un teftament n'ayant point été publiée depuis

D

la mort du Teſtateur, que ce Teſtateur l'ait lui-même *lacérée*, *biffée*, *jettée au feu?*

Il ſoutient en ſecond lieu, que *Gravelle* qui a reçu le teſtament dont il s'agit dans la Ville de Beſançon, n'avoit en ſa qualité de Tabellion général du Comté de Bourgogne, aucun caractere pour inſtrumenter dans cette Ville, alors *Cité Impériale* & indépendante du Souverain de la Province.

Mais avec quelle facilité ces prétendues nullités ne s'écartent-elles pas!

Trois réponſes, toutes également péremptoires, font tomber ſans retour celle qu'on eſſaye de tirer du défaut de publication.

1°. La forme de la publication devant, ſuivant M. de Choiſeul lui-même, s'accomplir ſur la *minute* du teſtament, non-ſeulement il eſt impoſſible de dire avec certitude qu'elle n'a point été obſervée à l'égard du teſtament de 1622, dont l'original *ſe trouve* depuis longtems *perdu & égaré*; mais la regle veut même qu'on préſume qu'elle l'a été, *in antiquis omnia præſumuntur ſolemniter acta* : & l'objection que ce n'eſt que par l'original même qu'on peut connoître les ſignatures & qu'il eſt poſſible que la minute d'un teſtament non publié ait été ſupprimée par le Teſtateur lui-même, n'a rien de plus ſolide, ſoit parce qu'on peut en dire autant de toute ſorte d'actes ; ſoit parce que la ſignature de l'Officier public au pied de l'expédition, fait foi que les ſignatures énoncées dans cette expédition, ſe trouvoient réellement ſur la minute ; ſoit parce que c'eſt à celui qui prétend qu'un Teſtateur a ſupprimé ou révoqué ſon teſtament, à l'établir ; ſoit enfin parce qu'il eſt conſtant dans l'eſpece que *l'original* du teſtament d'Emmanuel-Philibert de la Baume a exiſté depuis ſon décès, puiſque ſon petit-fils a déclaré, quarante-ſept ans après, l'avoir *vû, lû & eu en ſon pouvoir.*

2°. Les anciennes Ordonnances du Comté de Bourgogne, non plus que les Loix Romaines, ne preſcrivent point la formalité de la publication à peine de nullité. Ces Ordonnances donnent des regles ſur la maniere d'ouvrir & de publier les teſtamens ; mais elles ne font point dépendre leur validité de cette ouverture ni de cette publication : Et ne ſeroit-il pas bien étonnant en effet & bien bizarre, qu'un teſtament parfaitement valable en lui-même & auquel on ne peut reprocher aucun vice du chef du Teſtateur, dépendît néanmoins d'une forme que ce Teſtateur n'a pu par lui-même accomplir, & dont l'exécution eſt renvoyée après ſon décès, & abandonnée à un héritier, le plus ſouvent intéreſſé à ce que ſon Auteur n'eût point teſté, ou ne l'eût point fait valablement ? *

* Ricard, des donations, premiere part. ch. 5, ſect. 3, nᵒ. 1397 & ſuiv. édit. de 1754.

3°. Tout le monde connoît la ſévérité des Ordonnances du Royaume, ſur la publication des ſubſtitutions : cependant, parce que cette forme ne dépend point du Teſtateur, mais de ſon héritier, on a toujours penſé & jugé que le défaut de publication en pareil cas ne pouvoit être utile qu'aux Créanciers ou tiers Acquéreurs, & qu'il ne pouvoit jamais être oppoſé ni par les grevés, ni par leurs repréſentans ſoit à titre univerſel, ſoit à titre particulier : & c'eſt ce que vient encore de décider, de la maniere la plus poſitive,

l'Ordonnance des fubftitutions de 1747, tit. 2, art. 34, en ces termes :
*Les Donataires, héritiers inftitués, Légataires univerfels ou particuliers,
même les héritiers légitimes de celui qui aura fait la fubftitution , ni
pareillement leurs Donataires , héritiers inftitués ou légitimes & Légataires univerfels ou particuliers, ne pourront en aucun cas oppofer
aux fubftitués le défaut de publication & d'enregiftrement de la fubftitution.*

Rien ne prouve, comme on l'a vû, que le teftament de 1622
n'ait point été publié ; & l'abfence de la minute, ainfi que fon ancienneté , doivent même faire préfumer le contraire.

D'un autre côté , nulle difpofition dans les anciennes Ordonnances de Bourgogne, qui exige la publication des teftamens à peine
de nullité.

Mais quand même cette forme y eût été auffi rigoureufement
requife qu'elle l'eft parmi nous pour les fubftitutions , & quand il
feroit démontré jufqu'à l'évidence qu'on n'y a point fatisfait, M. le
Marquis de Choifeul ne pourroit en argumenter ni s'en prévaloir,
par la raifon qu'il eft héritier inftitué du dernier Poffeffeur , qui étoit
lui-même un des repréfentans du Teftateur, & l'un des grevés de la
fuftitution portée au teftament.

Ainfi, le premier des deux prétendus moyens de nullité, dénué
au fond de toute folidité, n'eft pas même propofable de la part de
M. le Marquis de Choifeul, attendu fa qualité ; & il ne le feroit
pas davantage de la part d'un héritier légitime & *ab inteftat.*

Le fecond réfultant du défaut de caractere dans la perfonne du
Tabellion *Gravelle*, n'eft ni mieux fondé, ni plus admiffible.

Gravelle prend (dit-on) dans le teftament de 1622, la qualité de
Tabellion général au Comté de Bourgogne.

Mais d'abord , eft-il donc impoffible que cette qualité lui donnât
caractere dans la Ville de Befançon, qui, quoique *Cité Impériale,*
étoit néanmoins dès ce tems-là fous la protection des Rois d'Efpagne,
comme Comtes de Bourgogne, ainfi que l'attefte le Dictionnaire
hiftorique de Morery ?

En fecond lieu, quelle apparence qu'Emmanuel-Philibert de la
Baume, tout rempli du projet d'affurer à jamais la grandeur de fa
Maifon par la fubftitution la plus étendue , eût volontairement
expofé une difpofition de cette importance & fi précieufe aux yeux
d'un homme de qualité, jaloux de perpétuer la fplendeur de fon
nom, à demeurer fans effet, en fe fervant d'un homme fans caractere ; tandis qu'il pouvoit, dans une Ville telle que Befançon,
fe procurer facilement un Officier public, & choifir même entre
plufieurs ?

Troifiémement, eft-il croyable que le Tabellion *Gravelle* fe fût
lui-même expofé à recevoir un teftament à Befançon, s'il n'eût été
bien affuré d'en avoir le droit ? Ou peut-on penfer du moins, s'il
n'avoit pas ce droit, qu'il eût de lui-même compromis l'acte qu'il
recevoit, en le datant de cette Ville & en s'y donnant la qualité de
Tabellion au Comté de Bourgogne ?

En quatriéme lieu, la preuve qu'en cette qualité il pouvoit inſtrumenter à Beſançon, eſt qu'après s'être dit *Tabellion général au Comté de Bourgogne*, il ajoute, que le teſtament eſt paſſé *ſous le privilege du ſcel de Sa Majeſté Catholique* : le ſceau des Rois d'Eſpagne, comme Comtes de Bourgogne, étoit donc reconnu à Beſançon, dans le tems même où cette Ville jouiſſoit des prérogatives de *Cité Impériale*. Or, ſi leur ſceau y étoit reconnu, on devoit donc y reconnoître & y admettre également leurs Officiers.

Enfin, quand même il ſeroit prouvé, ce qui n'arrivera jamais, que *Gravelle* étoit ſans caractère, M. le Marquis de Choiſeul ne ſeroit pas recevable à en exciper, ni à s'en faire un moyen contre le teſtament : Et pourquoi ?

Parce qu'une ſemblable nullité n'eût pu être oppoſée que lorſqu'il s'eſt agi pour la premiere fois de l'exécution du teſtament, & par un héritier *légitime* du Teſtateur ; parce que dès qu'une fois l'héritier d'un Teſtateur a volontairement conſenti que ſa diſpoſition fût exécutée, *agnovit voluntatem defuncti*, toutes les nullités de forme ſont auſſitôt & irrévocablement couvertes ; parce que ce principe, vrai de tout héritier en général, l'eſt encore plus particulierement à l'égard de celui qui a lui-même recueilli en vertu du teſtament ; parce que dans le fait, la ſubſtitution de 1622 a toujours été exécutée, puiſque les Terres de Saint-Amour & de Montfalconnet ont toujours paſſé aux deſcendans mâles du Teſtateur, d'aînés en aînés ; parce que Charles-François de la Baume, pere du dernier Poſſeſſeur, l'a lui-même exécutée & en lui rendant hommage & en la conſtatant par ſa déclaration de 1669, & en reconnoiſſant néceſſairement par-là qu'il poſſedoit en vertu & à la charge de cette ſubſtitution ; enfin parce que le dernier Poſſeſſeur, jouiſſant également en conſéquence & avec charge de la même ſubſtitution, n'eût pas été plus admiſſible à propoſer la prétendue nullité naiſſante du défaut de caractère de la part du Notaire, & qu'ainſi cette nullité ne peut pas plus être oppoſée par M. de Choiſeul, qui n'ayant d'autre titre que l'inſtitution dont ce dernier Poſſeſſeur l'a gratifié, n'a ni ne peut avoir plus de droit qu'il n'en avoit lui-même.

Il faut donc encore oublier les deux prétendus moyens de nullité : Non-recevables & mal fondés tout enſemble, ces moyens n'ont rien de plus ſolide que ceux à la faveur deſquels M. le Marquis de Choiſeul eſſaye de jetter des doutes & des nuages ſur l'exiſtence même du teſtament : en un mot, ſi on a démontré, comme on croit pouvoir s'en flatter, que le teſtament a exiſté & que la perte de la minute eſt ſuffiſamment réparée par l'expédition qui ſubſiſte, on oſe dire auſſi qu'on vient de démontrer la validité du même teſtament avec une égale évidence.

Après avoir ainſi attaqué le teſtament de 1622 & quant à ſon exiſtence & quant à ſa forme, M. le Marquis de Choiſeul attaque encore la ſubſtitution qui y eſt renfermée, en prétendant que le Teſtateur n'avoit point la liberté de ſubſtituer les deux Terres de Saint-Amour ; & il ſe fonde ſur ce que, ſuivant lui, la ſubſtitution

que

que Philibert de la Baume en avoit faite par son testament de 1572, étoit perpétuelle en faveur des aînés mâles de la Maison de la Baume : ce qu'il y a même de singulier, est qu'il invoque *, sur cette préten- due perpétuité, le témoignage même d'Emmanuel-Philibert, en ce qu'il dit dans son testament que les deux Terres lui avoient été adjugées par l'Arrêt de 1610, comme aîné de sa Maison : il oppose aussi sur le même point * la Requête en révision présentée au Conseil de Malines par la Baronne de la Chaux, & le reproche qu'elle y fait à cet Arrêt d'avoir jugé que le fidéicommis de 1572 étoit *réel & perpétuel au profit des aînés mâles de la Maison de la Baume.*

* Page 14 de son Mém. imprimé.

* Page 6 du même Mémoire.

Mais en discutant cette ancienne substitution de Philibert de la Baume, on a si parfaitement prouvé qu'elle ne regardoit dans la descendance de Louis de la Baume institué que ses *hoirs* directs & immédiats, que les *hoirs* de ses *hoirs* n'y sont ni explici-tement ni implicitement compris, & qu'elle a produit tout son effet en parvenant à Emmanuel-Philibert ; que ce seroit se livrer à d'inutiles répétitions que de s'arrêter encore à combattre l'idée chimérique de perpétuité que M. le Marquis de Choiseul tâche envain d'y faire appercevoir.

Il ne s'est pas flaté sans doute que l'argument qu'il tire de la mention de cette substitution & de l'Arrêt de 1610 dans le testa-ment d'Emmanuel-Philibert, pût faire illusion à personne, puisque ce Testateur ayant en même-tems substitué les deux Terres, il en résulte une conséquence toute opposée, la conséquence, qu'il ne pensoit point que le fidéicommis qui lui avoit procuré ces Terres, allât au-delà de sa personne ; conséquence qui naît nécessairement, de la nouvelle substitution qu'il s'est cru en droit d'en faire lui-même.

Enfin, tout ce qu'on peut inférer du raisonnement que la Baronne de la Chaux fait sur l'Arrêt de 1610 dans sa Requête en révision, est qu'elle ne s'est pas moins méprise dans l'idée qu'elle s'est formée de la disposition de cet Arrêt, qu'elle s'étoit méprise auparavant dans l'opinion qu'elle avoit eüe du testament & de l'inexistence de la subs-titution qu'il renfermoit en faveur de l'aîné de ses freres.

Voilà donc trois premiers points sur lesquels il n'est plus possible d'élever le moindre doute : la minute du testament de 1622 a existé depuis le décès du Testateur, & cette minute est pleinement sup-pléée par l'expédition rapportée : la forme de ce testament est, & a toujours été à l'abri de toute critique, enfin son Auteur possedoit librement les deux Terres de Saint-Amour & de Montfalconnet, & il a pu par conséquent les grever de substitution.

Il ne reste donc plus, pour achever de ruiner le sistême de M. le Marquis de Choiseul, qu'à établir que cette substitution dure encore, & n'a point pris fin dans la main du Marquis de la Baume, Comte de Saint-Amour, décedé en 1761.

Mais peut-on en douter à la vûe de la derniere partie de la substi-tution, où Emmanuel-Philibert, après avoir, au défaut de sa des-

E

cendance mafculine, appellé fucceffivement fes filles & leurs defcendans mâles par mâles, s'exprime en ces termes : *Et ainfi des
autres filles aux autres, aux conditions que deſſus, ſubſéquemment
juſqu'à nombre infini, & aux charges que deſſus de porter leſdits nom.
& armes* de la Maiſon de la Baume.

Le Teſtateur veut donc que tant qu'il y aura des filles, elles ſoient
compriſes dans la vocation ; il appelle donc toutes les filles, en
quelque dégré & en quelque ordre de vocation qu'elles ſe trouvent :
Et ainſi des autres filles aux autres, juſqu'à nombre infini.

Mais en même tems qu'il les appelle *juſqu'à nombre infini*, il
ajoute, *aux conditions que deſſus.*

Or, ces conditions écrites dans la vocation de Catherine de la
Baume & de ſa ſœur, étoient que Catherine étoit appellée la premiere, & après elle ſes enfans mâles, avec préférence pour l'aîné ;
& qu'en cas de décès de Catherine *ſans enfans mâles, ou de ſes enfans
mâles ſans enfans mâles*, la ſubſtitution devoit retourner à ſa ſœur &
à ſes enfans mâles, l'aîné préféré.

Ainſi, d'un côté, tant qu'il ſeroit reſté des enfans mâles de
Catherine, ou des enfans mâles de ſes enfans mâles, c'eſt-à-dire
des deſcendans mâles de Catherine par mâles, ſa ſœur ni les defcendans mâles de cette ſœur n'euſſent pû venir à la ſubſtitution ;
mais elle ſe ſeroit ouverte en ſa faveur, ſi ou Catherine, ou ſes
enfans mâles, ou ſes deſcendans mâles par mâles, n'euſſent laiſſé
que des filles : enforte que les filles de Catherine & de ſes deſcendans
euſſent été excluſes par ſa ſœur & par la deſcendance maſculine de
cette ſœur.

D'un autre côté, entre les mâles de la deſcendance de Catherine
& de ſa ſœur, la préférence étoit accordée à l'aîné.

La vocation *à l'infini* établie dans la derniere partie de la ſubſtitution en faveur de toutes les filles de la deſcendance du Teſtateur,
doit donc ſuivre le même progrès & le même ordre ; elle comprend
donc également les enfans mâles & les deſcendans mâles par mâles
de toutes les filles chacune dans ſon ordre ; la ſubſtitution doit donc,
dans toutes les générations, aller à l'aînée d'entre les filles & à ſes
enfans mâles & deſcendans mâles par mâles, avant que de pouvoir
paſſer à celle qui n'occuppe que le ſecond rang, & à ſes deſcendans ;
elle doit donc enfin entre les mâles iſſus de la même fille, être
recueillie par l'aîné à l'excluſion des puînés : En un mot, tel étoit
l'ordre établi entre Catherine de la Baume, ſa ſœur & leurs defcendans ; la ſubſtitution *à l'infini* qui vient enſuite en faveur des
filles, eſt faite aux mêmes conditions, *aux conditions que deſſus ;* le
même ordre doit donc néceſſairement être obſervé dans toutes les
générations & dans tous les dégrés, enfin tant qu'il reſtera des filles
deſcendantes d'Emmanuel-Philibert de la Baume & des deſcendans
mâles de ces filles.

Il eſt donc évident que toutes les filles & tous leurs deſcendans
ſont appellés chacun dans ſon ordre & dans ſon rang, à la ſubſtitution
fondée par Emmanuel-Philibert de la Baume ; cette vocation uni-

erfelle de toutes les filles & de leurs defcendans, réfulte néceffai-
v ment de ces expreffions, par lefquelles il termine fa difpofition,
*& ainfi des autres filles aux autres, aux conditions que deffus, fubfé-
quemment jufqu'à nombre d'autant moins*
contefter que toutes les filles, ainfi que les defcendans de ces filles
ne foient appellés, que d'un côté en les appellant, il ne les qualifie
point filles de la Maifon de la Baume, ce qui prouve qu'il a penfé à
toutes les filles généralement & fans diftinction ; que de l'autre,
après cette claufe, *& ainfi des autres filles aux autres, &c.* il ordonne
que la fubftitution qu'il vient de faire *foit tenue pour un fidéicommis
mafculin, réel, graduel & perpétuel, fans que lefdits biens y compris
puiffent à jamais être aliénés, démembrés ou diminués, &c.* d'où il fuit
qu'il a entendu donner à cette fubftitution toute l'étendue & toute
la durée poffibles ; & qu'enfin dans la première partie de la même
fubftitution, il avoit ordonné qu'elle eût lieu *par forme de majorat,*
& que le majorat eft perpétuel de fa nature, tant qu'il refte quelque
defcendant mâle ou femelle de fon auteur, à moins que celui-ci ne
l'ait refferré dans des bornes plus étroites.

Or, s'il eft inconteftable que le fidéicommis dont eft queftion
s'étend indéfiniment à toute la defcendance, foit mafculine, foit
femini-ne d'Emmanuel-Philibert de la Baume ; il eft également certain, dans le fait, que cette defcendance n'eft point à beaucoup
près épuifée, puifque M. le Marquis d'Efpinchal, M. le Comte de
la Blache, Madame la Marquife de Mirepoix & M. fon fils defcendent tous de Catherine de la Baume, l'aînée des filles de ce
Teftateur.

Bien loin donc que la fubftitution foit finie, comme le prétend
M. le Marquis de Choifeul, elle fubfifte dans toute fa force & eft
même deftinée à durer encore long-tems, puifqu'il exifte tant de
perfonnes appellées à la recueillir.

Mais *confirmons* encore cette vérité par une réfutation fommaire
des objections de M. de Choifeul.

Elles fe réduifent à prétendre, 1°. que les enfans mâles de Catherine de la Baume n'étoient point appellés, ni à plus forte raifon les
enfans mâles de fes enfans mâles ; 2°. que par ces termes, *& ainfi
des autres filles aux autres*, il n'eft point douteux que le Teftateur n'a
entendu parler que de *fes propres filles*, c'eft-à-dire des troifiéme,
quatriéme ou cinquiéme filles qu'il pourroit avoir; qu'on peut d'autant
moins en douter, qu'à l'égard de fes enfans & defcendans mâles, il exclut
à perpétuité leurs filles & defcendans mâles ou femelles de ces filles ;
qu'enfin en admettant la vocation des filles de tous les dégrés, il
n'en réfulteroit aucun avantage ni pour M. le Marquis d'Efpinchal,
ni pour les autres prétendans, attendu que les filles cadettes ne font
appellées qu'au feul cas où Catherine ne laiffera point de mâles, &
que dans le fait elle en a laiffé *. * Voir les pag.
26, 27, 28 & 29
du Mémoire de
M. de Choifeul.

Mais que ces objections font aifées à diffiper !

En premier lieu, comment peut-on dire que les enfans mâles de
Catherine ne font point appellés, quand le Teftateur dit formelle-

ment, *& tous les mâles & leurs defcendans venans à défaillir, je veux que tous mes biens retournent à ma fille aînée, & après fon décès à fes enfans mâles, préférant l'aîné ?* Y eût-il jamais une vocation plus claire & plus précife, que celle qui fe trouve ici en faveur des *enfans mâles* de Catherine ?

Mais non-feulement cette vocation comprend les enfans du premier dégré, elle comprend auffi tous les defcendans mâles par mâles de Catherine de la Baume, foit parce qu'ordinairement le mot *enfant* eft un terme générique qui s'entend de tous les defcendans de tous les dégrés, fuivant cette décifion de la Loi, *liberorum nomine nepotes quoque continentur*; foit parce qu'on ne peut difconvenir du moins de l'application de cette regle à un fidéicommis de l'efpece de celui-ci, & où le Teftateur a fi pofitivement exprimé l'intention de le rendre *perpétuel*; foit parce que les enfans mâles des enfans mâles de Catherine fe trouvent expreffément *en condition* dans la vocation de la feconde fille; & qu'il eft prouvé par l'Arrêt de 1610 qu'il étoit tellement de regle & de Jurifprudence en Franche-Comté lorfqu'Emmanuel-Philibert a tefté, que la fimple condition en faveur des defcendans équivaloit à difpofition, que c'étoit à cette Jurifprudence que le Teftateur avoit été lui-même redevable des deux Terres de Saint-Amour & de Montfalconnet.

Secondement, les termes *fubféquemment jufqu'à nombre infini*, que le Teftateur ajoute à ceux-ci, *& ainfi des autres filles aux autres*, ne permettront jamais d'admettre l'interprétation que M. le Marquis de Choifeul donne à ces derniers, en difant qu'ils ne s'appliquent qu'aux *propres filles* d'Emmanuel-Philibert; il eft évident que s'il n'eût entendu parler que de fes *propres filles*, dont le nombre devoit néceffairement avoir des bornes, il n'eût pas été affez déraifonnable pour fuppofer qu'elles pourroient aller *jufqu'à nombre infini* : Ces expreffions illimitées dénotent donc toutes les générations, fans qu'il foit poffible de les entendre autrement; & l'on fera encore bien plus convaincu que tel eft leur fens, quand on fera attention, comme nous l'avons déja obfervé, que le Teftateur appelle toutes les filles indéfiniment & non pas feulement celles de la Maifon de la Baume, & qu'il veut que fon fidéicommis foit perpétuel & imite le majorat.

Troifiémement, l'exemple des filles iffues des mâles ne peut être d'aucun poids, non-feulement parce que rien n'empêche un Teftateur de mieux traiter les filles de fes filles, que celles de fes defcendans mâles; mais encore parce qu'on pourroit peut-être, fans bleffer la vraifemblance, aller jufqu'à foutenir que le dernier ordre de fubftitution qui réfulte de ces termes, *& ainfi des autres filles aux autres*, peut s'appliquer à toutes les filles iffues du Teftateur & de fes defcendans, & conféquemment aux filles de fes enfans mâles comme à celles de fes filles, enforte que les filles iffues des mâles & les defcendans de ces filles, auroient pû avoir le droit de venir à la fubftitution, en cas de défaillance des filles iffues des filles & de leur poftérité.

Enfin,

Enfin, la derniere objection pêche tout-à-la-fois & dans le fait & dans le droit.

Dans le fait, parce que les enfans & descendans mâles de Catherine sont tous appellés, comme nous l'avons établi, & qu'il en est de même de ses sœurs & de leurs descendans mâles.

Dans le droit, parce qu'en supposant que les enfans mâles de Catherine & de ses sœurs ne fussent ni appellés, ni chargés de rendre, il faudroit que Catherine ou l'une de ses sœurs eût recueilli & fût décédée ensuite laissant des enfans mâles, pour que l'existence de ces enfans eût fait manquer la vocation des dégrés suivans.

Mais ni Catherine, ni aucune de ses sœurs n'ayant jamais recueilli ni possédé, & le fidéicommis ne s'ouvrant aujourd'hui que par le décès du dernier mâle de la descendance masculine du Testateur, le droit des appellés qui se trouvent existans, est incontestable, attendu qu'ils ne viennent pas comme substitués soit à Catherine, soit à aucune de ses sœurs, mais comme substitués au dernier Possesseur lui-même.

Il est en effet deux principes également constans en matiere de substitution; l'un, que quiconque est substitué à un substitué, l'est pareillement à tous les autres substitués & à l'institué lui-même, *substitutus substituto, substitutus instituto*; l'autre, que tous les appellés qui sont morts avant l'ouverture du fidéicommis, sont censés n'avoir jamais existé par rapport à lui, tellement qu'on ne les compte point dans les Pays où les substitutions sont limitées à un certain nombre de dégrés.

Les filles de tous les dégrés & leurs descendans sont substitués à Catherine : M. le Marquis de Choiseul est forcé d'en convenir dans l'hypotèse où il admet le troisiéme ordre de substitution naissant de cette clause, & *ainsi des autres filles aux autres, jusqu'à nombre infini.*

Catherine étoit substituée au dernier des descendans mâles du Testateur.

Donc les filles de tous les dégrés & tous leurs descendans sont également substitués à ce dernier mâle, & par conséquent au Possesseur décédé en 1761 : *substitutus substituto, substitutus instituto.*

D'un autre côté, Catherine & ses sœurs étant décédées sans avoir recueilli, elles doivent être regardées comme n'ayant point existé relativement à la substitution dont est question : & conséquemment la circonstance qu'elles ont laissé des enfans mâles qui sont décédés depuis, est absolument indifférente & ne peut porter aucune atteinte au droit des appellés qui existent & qui ont en leur faveur la vocation expresse du Testateur.

Ainsi, non-seulement les preuves par lesquelles on a établi que la substitution de 1622 subsiste encore dans toute sa force, ne sont point affoiblies par les objections de M. de Choiseul; mais elles empruntent encore une nouvelle force & un nouveau dégré d'évidence, de la discussion à laquelle on a été obligé de se livrer pour écarter ces objections.

F

Il demeure donc pour conftant; 1°. que la minute du teftament d'Emmanuel-Philibert de la Baume a exifté, qu'elle a exifté dans un tems poftérieur à fon décès, & qu'elle eft très-équivalement réparée par l'expédition qui s'en eft confervée; 2°. que du côté de la forme, ce teftament eft à l'abri de toute critique; 3°. que fon auteur a eu le droit de fubftituer les deux Terres de Saint-Amour & de Montfalconnet; enfin que la fubftitution qu'il en a faite n'eft point encore parvenuë à fa fin, & qu'elle eft au contraire dévolue *ex verbis teftamenti* à l'une d'entre les Parties qui la réclament en qualité d'appellées.

Tout le fyftême de M. de Choifeul eft donc entierement diffipé; il eft donc démontré que les deux Terres n'ont point été poffédées librement par le Marquis de la Baume, Comte de Saint-Amour, décédé en 1761, & qu'ainfi elles n'appartiennent point à l'inftitution qu'il a faite en faveur de M. le Marquis de Choifeul; & il ne refte plus par conféquent qu'à examiner quel eft, entre les divers prétendans à titre de fidécommis, celui qui fe trouve véritablement appellé à en profiter.

On ne fera pas étonné au furplus, en lifant le Mémoire de M. de Choifeul, de voir qu'on paffe ici fous filence beaucoup d'autres objections qui y font renfermées. Mais la plûpart de ces objections ne tombent que fur les fubftitutions de 1549, de 1680 & de 1620, & deviennent par conféquent indifférentes, dès qu'il n'eft, comme on l'a prouvé, que la feule fubftitution de 1622 qui comprenne réellement les deux Terres de Saint-Amour & de Montfalconnet, & que ce n'eft que d'après elle feule que l'affaire & les Parties doivent être jugées.

Ce n'eft pas cependant qu'outre les diverfes objections qui viennent d'être refutées, M. le Marquis de Choifeul n'en propofe encore deux ou trois autres contre cette derniere fubftitution: mais elles font fi foibles, qu'elles méritent à peine d'être rappellées.

Il prétend, par exemple, qu'elle n'a jamais été reconnue dans la famille; & il en donne pour preuves, d'abord un teftament de 1642 par lequel Jacques-Nicolas de la Baume, fils aîné d'Emmanuel-Philibert, a fait une fubftitution univerfelle; & enfuite toutes les aliénations faites par Charles-François, auteur de la déclaration de 1669, écrite à la fuite de l'expédition fignée *Gravelle*.

Il prétend encore que cette fubftitution eft trois fois prefcrite par le laps de plus de cent quarante années qui fe font écoulées depuis fa date.

Il ajoute enfin que d'autres Terres qu'elle comprend auroient été inutilement fubftituées, attendu qu'elles ont été vendues depuis pour acquitter les dettes de la mere du Teftateur, de laquelle elles provenoient; & que tous les dégrés d'ailleurs fe trouveroient depuis longtems épuifés, au moyen de la fituation de ces Terres dans la Province du Perche.

Mais premierement, quand il feroit vrai que la fubftitution de 1622 auroit été méconnue de la famille, que pourroit-il en réfulter contre le droit de ceux qui s'y trouvent appellés aujourd'hui ? La vocation des substitués ultérieurs, peut-elle donc dépendre du fait de l'institué ou des substitués qui les précedent ? Il est si peu exact au reste que celle de 1622 n'ait pas été reconnue, qu'on a vû au contraire qu'elle a toujours été exécutée par la transmission successive des deux Terres aux aînés, & qu'elle a même été formellement avouée & attestée par le pere du dernier Possesseur dans sa déclaration de 1669. Quant à l'institution portée au testament de Jacques-Nicolas de 1642, elle peut prouver qu'il avoit des biens, desquels il lui étoit permis de disposer ; mais elle ne prouvera jamais qu'il se soit regardé comme libre à l'égard des deux Terres : il auroit eu même cette opinion, qu'on n'en pourroit encore rien inférer contre des appellés qui ne pouvoient venir qu'après lui ; & par rapport aux aliénations de Charles-François, tout ce qui en résulte, si réellement il a aliéné une partie des biens substitués, est qu'il a plus consulté ses besoins que son droit ; mais de semblables aliénations ne peuvent rien conclure ni contre la vérité, ni contre la validité d'une substitution, dont l'existence & la régularité se trouvent d'ailleurs parfaitement justifiées.

D'un autre côté, c'est sans doute la premiere fois qu'on ait imaginé d'opposer la prescription à des appellés, dont le droit vient à peine de s'ouvrir, & qui n'ont pû agir tant qu'il n'étoit point ouvert ; mais la prétention est trop insoutenable pour que nous puissions croire qu'on l'ait proposée sérieusement : *contra non valentem agere, non currit præscriptio.*

Enfin les Terres de Saint-Amour & de Montfalconnet étant les seules que M. le Marquis d'Espinchal réclame, & l'une & l'autre se trouvant situées en Franche-Comté, où les fidéicommis n'ont d'autres bornes que celles que leur prescrit la disposition qui les renferme, il devient superflu d'examiner si les autres Terres qu'Emmanuel-Philibert de la Baume a substituées ont pu l'être avec effet, & si à leur égard les dégrés de la substitution se trouvent ou non épuisés.

On peut donc oublier entierement le systême de M. de Choiseul, & cette multitude d'objections par lesquelles il s'efforce vainement de l'affermir ; & pour achever de remplir le plan qu'on s'est proposé, il ne s'agit plus que de prouver qu'entre les différentes Parties qui se contestent la vocation aux deux Terres, elle ne se vérifie réellement qu'en faveur de M. le Marquis d'Espinchal.

Quatre Adversaires prétendent le primer & l'exclure ; sçavoir, M^{rs}. de Dortan, M. le Comte de la Blache, Madame la Marquise de Mirepoix & M. son fils.

M^{rs}. de Dortan ne se fondent que sur la substitution contenue au testament de Louis de la Baume de 1580, & ils conviennent avec raison, que celle de 1622 ne peut les regarder.

Mais Louis de la Baume n'ayant point possedé librement les deux Terres, ainsi que le prouvent le testament de 1572 & l'Arrêt de 1610, il s'ensuit qu'il n'a pû les substituer, ou qu'en tout cas il les a inutilement fubftituées. Le teftament de 1580 n'eft donc, pour Mrs. de Dortan, qu'un vain titre, avec lequel tombent la vocation & le droit qu'ils prétendent en tirer : & les mêmes raifons nous difpenfent d'entrer dans un examen plus particulier fur ce tefta- ment, qui d'ailleurs fe trouve déja fuffifamment difcuté dans la Confultation donnée pour M. le Marquis d'Efpinchal le 23 Sep- tembre 1765.

M. de la Blache s'appuye fur la fubftitution de Philippe de la Baume de 1620, & fur celle d'Emmanuel-Philibert de 1622.

Mais Philippe de la Baume n'ayant jamais eu aucun droit aux deux Terres, il eft évident que fa fubftitution ne peut s'y ap- pliquer.

Quant à celle de 1622, on a prouvé dans la première Confulta- tion pour M. d'Efpinchal du 22 Janvier 1765, qu'il y eft appellé exclufivement à M. de la Blache : & les moyens fur lefquels on s'eft fondé étant jufqu'à préfent demeurés fans réponfe, on fe con- tentera d'y ajouter deux obfervations importantes : la première, que la fubftitution de 1622, dans la vocation des mâles iffus des filles, donne la préférence à l'aîneffe, fans exiger (comme celle de 1620) la plus grande proximité vis-à-vis du dernier Poffeffeur, ce qui ôte à M. le Comte de la Blache tout prétexte d'équivoquer fur le genre d'aîneffe qui doit être préféré : la feconde, que Philippe de la Baume ayant, par fa fubftitution de 1620, invité fon frere à provoquer une érection en *majorat*, érection qui, dans les vûes d'un homme de qualité, occupé de l'aggrandiffement de fa Maifon, fuppofoit nécef- fairement un titre de dignité, & par conféquent le *majorat* ou la Grandeffe d'Efpagne ; on doit penfer que c'eft à fon imitation qu'Em- manuel-Philibert a voulu que le fidéicommis qu'il fondoit lui-même paffât à fes defcendans par forme de *majorat*, & qu'ainfi ce Tef- tateur a eu également en vûe le *majorat* Efpagnol ; ce qui écarte encore toute idée du *majorat de Joannes Torré*, de ce majorat Italien dont M. le Comte de la Blache invoque fi mal-à-propos les regles.

Madame la Marquife de Mirepoix paroît mettre fa confiance dans la multitude des titres ; elle réclame en effet à la fois la fubfti- tution de Grandvelle de 1549, & celles de Loüis, de Philippe & d'Emmanuel-Philibert de la Baume, de 1580, 1620 & 1622.

Mais on a déja trop de fois établi l'inutilité des trois premières pour y revenir.

A l'égard de celle de 1622, une feule réflexion en écarte abfolu- ment Madame de Mirepoix.

Il eft certain que dans la vocation des filles & de leurs defcendans mâles, cette fubftitution donne ~~à la branche aînée fur les branches puînées~~ entre les diverfes générations, la préférence à la première fur la feconde : ainfi de même que Catherine de la Baume ne laiffant que des filles, le fidéicommis feroit paffé à fa fœur ou à fes enfans mâles, de même un des enfans mâles de Catherine l'ayant recueilli & ne laiffant enfuite que des filles, il eût dû paffer à la fœur de ce Poffef- feur, comme ayant fur fes niéces l'avantage d'une génération, ou aux enfans mâles de cette sœur. On peut voir sur cela la précédente Consultation du 22 Janvier 1765, pag. 26.

En supposant que le fidéicommis eût été recueilli par le fils de Catherine de la Baume, duquel Madame de Mirepoix descend, elle seroit incontestablement obligée de le remettre à M. le Marquis d'Espinchal, comme descendant par mâle d'une sœur de ce fils. Comment pourroit-elle donc emporter sur lui un bien, qu'elle ne pourroit se dispenser de lui rendre, si M. son pere en avoit été le dernier Possesseur ? N'a-t-il pas toujours, relativement à elle, l'avantage de descendre par mâles d'une fille qui avoit sur elle la priorité de génération ? Et cet avantage n'est-il pas décisif à l'égard d'une substitution où les filles de la premiere génération & leurs descendans mâles par mâles sont toujours préférés aux filles de la seconde, quand même elles seroient issues d'un mâle, & aux enfans mâles de ces filles ? *Et au cas advenant* (dit le Testateur) *que Catherine de la Baume vienne à mourir sans enfans mâles, ou ses enfans mâles sans enfans mâles, je veux que mesdits biens retournent à la seconde fille, & à ses enfans mâles, préferant l'aîné, &c.*

Reste donc uniquement M. le Marquis de Mirepoix: mais plusieurs raisons sans réplique le repoussent aussi invinciblement que Madame sa mere.

Premierement, il n'est, ainsi que M. le Marquis d'Espinchal, que descendant d'une fille: & Mad^e. sa mere est d'une génération bien plus reculée que la fille de qui M. d'Espinchal descend, ensorte que sous ce premier point de vûe, tout l'avantage demeure à celui-ci : Et inutilement M. de Mirepoix opposeroit-il qu'il descend du fils de Catherine, attendu d'un côté qu'il n'en descend point par mâles, & que toutes les fois que la descendance par mâles se trouve interrompue, le Testateur veut que le fidéicommis passe à la fille qui a la priorité de génération, ou à ses descendans mâles par mâles ; & de l'autre, que la fille de qui M. d'Espinchal sort, avoit, dans l'ordre de la naissance, l'aînesse sur le mâle dont M. de Mirepoix est issu, de maniere que ne pouvant plus se prévaloir de la masculinité de son Auteur, au moyen de l'interruption de la descendance masculine par mâles, il ne peut non plus tirer aucun fruit du rang que cet Auteur tenoit entre les enfans de Catherine, puisqu'il n'étoit que le puîné de l'ayeule de M. d'Espinchal.

En second lieu, on ne doit jamais perdre de vûe qu'il ne s'agit plus de la substitution de Philippe de la Baume de l'année 1620, mais uniquement de celle fondée en 1622 par Emmanuel-Philibert son frere.

Or, cette derniere substitution n'appelle les mâles issus des filles qu'après les filles mêmes ; ensorte que si les filles se trouvent vivantes lors de l'ouverture, elles recueillent avant leurs enfans mâles ; que la vocation de ces enfans est entiérement subordonnée à celle de leurs meres ; que les biens ne peuvent leur parvenir *qu'en passant d'abord par les mains de leurs meres,* au cas qu'elles soient vivantes, & qu'ainsi n'ayant de droit que par leurs meres & subordinément

à elles, ils n'en ont aucun, si leurs meres n'en ont point elles-mêmes.

Si l'ouverture arrivée par le décès du dernier mâle de la Maison de la Baume pouvoit regarder la branche à laquelle M. de Mirepoix appartient, ce ne seroit donc point lui, mais Madame sa mere qui en profiteroit.

Il est constant que M. le Marquis d'Espinchal prime & exclut Madame la Marquise de Mirepoix; à plus forte raison prime-t-il & exclut-il Monsieur le Marquis de Mirepoix, qui l'est déja par Madame sa mere, & qui ne peut avoir plus de droit qu'elle, au moyen de la vocation accordée aux filles préférablement à leurs mâles par la substitution de 1622, la seule encore une fois qui s'applique aux deux Terres qui font l'objet de la contestation.

Par toutes ces considérations, le Conseil estime que M. le Marquis d'Espinchal est très-fondé à réclamer ces deux Terres comme premier appellé, en offrant, conformément au testament, de porter le nom & les armes purs & simples de la Maison de la Baume.

Délibéré à Paris le 15 Mai 1766. Signé, DU VERNE & COLLET.

De l'Imp. de CH. EST. CHENAULT, Imp. Lib. rue de la Vieille-Draperie, 1766.

www.ingramcontent.com/pod-product-compliance
Lightning Source LLC
Chambersburg PA
CBHW060536200326
41520CB00017B/5264